ALEAUME

BRIE, ILE-DE-FRANCE, ORLÉANAIS, NORMANDIE, BERRY

MARQUIS DE CHENOISE, SEIGNEURS DU LUAT, DE VERNEUIL, VERNOUILLET, PLANCY, MONTYON, COURTAVENEL, VAUDOY, SAINVILLE, LA GRANGE-AUX-BOIS, LES MULOTIÈRES, GRANDMAISON, LA HERMANDIÈRE, LA SALLE, LES RÉAUX, LES GUIMONETS, BOUGES, ET AUTRES LIEUX.

ARMES : *Écartelé : aux 1 et 4, d'azur, à trois coqs d'or, posés 2 et 1* (pour la branche d'Orléans); *au 2, d'azur, à trois chevrons d'or, accompagnés de trois besants du même* (pour la branche de Chenoise); *au 3, de gueules, à la bande d'or, chargée d'un lion léopardé de sable* (pour la branche de Verneuil). — L'ÉCU : *Timbré d'un casque de chevalier orné de ses lambrequins et surmonté d'une couronne de marquis.* — SUPPORTS : *Deux licornes.* — DEVISE : *Oncques avec Dieu ne compte.*

ALEAUME

E nom d'ALEAUME, qu'on trouve fréquemment orthographié ALLEAUME, est celui d'un *Saint Adelmus*, saint-Aleaume ou Elosme en français. Il fut moine de la Chaise-Dieu, en Auvergne, puis abbé de Saint-Jean de Burgos, en Espagne, et mourut vers l'année 1100. (Voyez l'*Art de vérifier les dates*, t. Ier, p. 62.)

Le plus ancien titre dans lequel nous trouvons le nom d'ALEAUME est une obligation du 29 juillet 1308, consentie par Jacques Rousseau à Watier Lippus, de la somme de 73 sols et 4 deniers de Tournay de forte monnaie, passée en présence de Jacques de Falempin et Jacques ALEAUME (Jaken ALIAUMES). (*Charte chirographique en parchemin.*)

La famille des ALEAUME est connue depuis le xve siècle et s'est divisée en *cinq branches principales* :

1° LA PREMIÈRE BRANCHE, des seigneurs de Verneuil et de Vernouillet, éteinte avant la fin du xvie siècle;

2° LA DEUXIÈME BRANCHE, des seigneurs de Sainville et de la Grange-aux-Bois, de Villiers, à Orléans, éteinte;

3° LA TROISIÈME BRANCHE, des ALEAUME-COMPAING, à Orléans, laquelle s'est continuée jusqu'en 1760;

4° LA QUATRIÈME BRANCHE, des seigneurs des Mulotières et de Grand-maison, éteinte en 1700;

5° LA CINQUIÈME BRANCHE, des seigneurs de la Hermandière, de la Salle, des Réaux, de Bouges, des Guimonets, etc., la seule qui se soit continuée jusqu'à ce jour, et qui s'est fondue dans la famille BIENVENU.

Ces diverses branches ont porté des armes différentes. Ainsi l'écu des ALEAUME, seigneurs de Chenoise, de Vaudoy en Brie, etc., était *d'azur, à trois chevrons d'or, accompagnés de trois besants du même*. Comme puînés, les seigneurs de Verneuil, près Meulan, adoptèrent pour armes, *de gueules, à la bande d'or, chargée d'un lion léopardé de sable* : et les ALEAUME d'Orléans et de Paris, eurent pour armes : *d'azur, à trois coqs d'or*.

FIEFS ET SEIGNEURIES. — Les ALEAUME ont possédé un très grand nombre de fiefs, notamment ceux de Chenoise, plus tard érigé en *marquisat*;

du Luat, de Montyon, de Courtavenel, de Plancy, de Verneuil, de Vernouillet, de Prunelay, de Basincourt, de Vichelles, de Rouilly, de Vaudoy, du Tilloy, de Sainville, de la Grange-aux-Bois, des Mulotières, de Grandmaison, de Villiers, de la Hermandière, des Réaux, de Bouges, des Guimonets, etc.

ILLUSTRATIONS, CHARGES ET DIGNITÉS. — Les ALEAUME ont occupé des charges importantes et comptent un bailli de Provins, des conseillers du roi, lieutenants généraux aux bailliage et siège présidial d'Orléans; des conseillers aux parlements de Paris et de Rouen; un chevalier de l'ordre de Saint-Jean de Jérusalem; un chambellan du duc de Nevers, gouverneur duc de Rethelois; un gentilhomme servant de Sa Majesté; un trésorier-payeur de la compagnie de M. de Nevers; un ingénieur ordinaire de l'artillerie de France, sous Louis XIII, qui fut envoyé extraordinaire de ce monarque près du prince Maurice de Nassau; un évêque de Bayeux, mort en 1635; deux docteurs en théologie de la maison de Sorbonne, chanoines de Sainte-Croix d'Orléans, dont l'un fut curé de la grande paroisse de Saint-Paul de cette ville; un chanoine, grand-chantre d'Orléans; un chanoine de l'église collégiale de Saint-Pierre-le-Puellier d'Orléans; deux chanoines d'Évreux; deux maires de la ville d'Orléans; deux trésoriers de France, à Alençon et à Bourges; un docteur-antécesseur en la Faculté de droit, à Paris; un docteur-régent de la Faculté de médecine, en la même Université; une foule de religieuses, etc., etc.

Enfin, rappelons ici qu'en 1571, le chef de la famille des ALEAUME d'Orléans, Jacques ALEAUME et Madeleine COMPAING, sa femme, employèrent leur fortune à la réédification de l'église des Jacobins d'Orléans, ruinée de fond en comble par les Protestants, en 1567; ils reçurent à cette occasion un bref de congratulation du pape Pie V. Cette importante reconstruction fut faite à la condition que tous les jours, *à perpétuité*, les religieux de ce couvent seraient tenus de chanter une messe haute du Saint-Esprit, à diacre et sous-diacre, en mémoire desdits Jacques ALEAUME et Madeleine COMPAING.

Parmi les nombreuses alliances que la famille ALEAUME a reçues ou données, nous citerons particulièrement celles de : d'Arennes, qui compte un chevalier croisé; Brulart, des marquis de Sillery et de Genlis; Camus, des marquis de Pontcarré; de Lupé, dont était Ferry de Lupé, qui combattit à la Massoure, en 1249; du Vair, de la famille du Garde-des-sceaux; Durand de Villegagnon; d'Arquinvilliers, de Brennes; Bertrand de la Chaise; Morin de Paroy; Le Cyrier de Montigny; Yvert d'Armentières; Grangier de Bellesme; Noël de Saint-Denis; Chartier, de la famille d'Alain Chartier; d'Anglebermer; Paumier de Marolles; Compaing; de la Saussaye; Mariette; Boyetet; Cahouët de Beauvais; de Mesgrigny; du Vieu, etc., etc.

La filiation de la famille ALEAUME, d'après les auteurs héraldiques les plus estimés, les nombreuses chartes et documents originaux conservés dans les Archives de la famille, et les actes de l'état civil, s'établit de la manière suivante :

FILIATION

I. Jean ALEAUME, Ier du nom, écuyer, seigneur du Luat en Brie, de Montyon, près Meaux, de Courtavenel, de Plancy, de Chenoise, prit alliance, vers l'année 1450, avec Charlotte D'ARENNES, fille de messire Raoul d'Arennes, chevalier, seigneur de Russy et de Nully en Valois, et de Marguerite Fillechamps.

Jean ALEAUME fut inhumé dans l'église de Chenoise et eut plusieurs enfants cités ci-après :

    1° Jean, qui suit ;
    2° Étienne ALEAUME, auteur de la PREMIÈRE BRANCHE des seigneurs de Verneuil et de Vernouillet, rapportée ci-après ;
    3° Jacques ALEAUME, auteur de la DEUXIÈME BRANCHE des seigneurs de Sainville, de la Grange-aux-Bois, de Villers, qui viendra plus loin.

II. Jean ALEAUME, IIe du nom, écuyer, seigneur du Luat, de Montyon et autres lieux, fut marié avec Marie DE LUPÉ, fille de Guillaume de Lupé et de Jacqueline de Jossignies. De cette union vinrent :

    1° Jean, qui suit ;
    2° Rolland ALEAUME, écuyer, seigneur de Plancy en Brie, qui eut de sa femme N. LHUILLIER :

        A. Nicolas ALEAUME, écuyer, seigneur de Plancy, père de :

            AA. Nicolas ALEAUME, IIe du nom, seigneur de Plancy, conseiller au parlement de Paris, puis au Grand Conseil, marié en 1573 avec Antoinette DU VAIR, fille de Jean du Vair, avocat au parlement à Paris, et de Barbe François, et sœur de Guillaume du Vair, évêque de Lisieux et garde des sceaux de France. Elle était veuve en 1621, et donna, le 3 mai de cette année, une quittance de rente constituée sur la ville de Paris. (*Titre original en parchemin.*)

Il vint de cette union :

AAA. Guillaume ALEAUME, reçu conseiller au parlement de Paris le 18 juillet 1613 et mort ÉVÊQUE DE Lisieux en 1635;

BBB. Françoise ALEAUME, femme de Jacques RIBIER, Maître des Requêtes de l'hôtel du roi, puis Conseiller d'État, fils de Michel Ribier, seigneur de Francillon, d'Aubignon, etc. etc., et de Marguerite Perrault. Celui-ci mourut en 1636, laissant sept enfants dont un fils :

Jacques RIBIER ALEAUME DU VAIR, seigneur de Villeneuve, chargé de porter ces trois noms en vertu des testaments de ses oncles. Il fut conseiller au parlement de Paris et épousa en 1642, Geneviève BOUVART, fille de Charles Bouvart, premier médecin du roi.

III. Jean ALEAUME, IIIe du nom, écuyer, seigneur de Courtavenel, du Luat, de Chenoise, de Montyon, etc., s'unit à Anne DURAND, fille de Louis Durand, écuyer, seigneur de Villegagnon et de Jeanne Galoppe. Anne avait pour frère le célèbre commandeur Nicolas Durand de Villegagnon, chevalier de Rhodes, vice-amiral de Bretagne, mort au mois de décembre 1571. De cette alliance naquirent :

1° Jean, qui suit ;

2° Autre Jean ALEAUME DE BOUILLY, reçu chevalier de Saint-Jean de Jérusalem sur preuves faites au Grand-Prieuré de France en 1535 (VERTOT, *Histoire des Chevaliers de Malte*, tome VII, page 202.) Il était né au château de Chenoise et fut tué dans un combat contre les Turcs, en 1561.

IV. Jean ALEAUME, IVe du nom, écuyer, seigneur de Courtavenel, de Chenoise, du Luat, etc., bailli de Provins, rendit en cette qualité une sentence le 18 juin 1563, entre Gilles Mareil et damoiselle Jacqueline de Piedefer. (*Titre original en parchemin.*) Il avait épousé Gillette PINOT, fille de Jean Pinot, seigneur de Bordeaux et d'Antoinette de Bugnot, et tante de Jean Pinot, chevalier de Malte, tué à la prise d'Alger en 1541. Jean ALEAUME mourut en 1565, à l'âge de 65 ans, laissant de son mariage les enfants ci-après :

1° Jean, qui suit ;

2° Charles ALEAUME, archer des gardes du roi, sous la charge de messire d'Hocquincourt, prévôt de l'hôtel de Sa Majesté, fut remplacé dans ce grade par Pierre *Le Sage*, écuyer, sieur de la Millière, comme il conste d'un traité passé entre eux, le 24 décembre 1635. (*Titre notarié en papier.*)

3° Marthe ALEAUME, femme de Louis D'ARQUINVILLIERS, chevalier, seigneur

ALEAUME

de Saint-Rimault et d'Ouillé, conseiller au parlement de Paris, mort en 1579, fils d'Olivier d'Arquinvilliers, chevalier, seigneur de Saint-Rimault, etc., et d'Andrée Aymeret, et frère de Jean d'Arquinvilliers, chevalier de Malte, tué dans un combat contre les Turcs, en 1557.

V. Messire Jean ALEAUME, V° du nom, écuyer, seigneur de Courtavenel, de Chenoise, du Luat et de Rouilly, chevalier, chambellan de monseigneur le duc de NEVERS, gouverneur de la personne de monseigneur le duc de Rethelois, en 1616. Il avait épousé sa cousine, Louis DURAND, morte sans enfants. Étant veuf il se remaria avec Marguerite DE CHAUMEDEY, fille de Jean de Chaumedey, écuyer, seigneur de Germenay près Melun, et de Marie Aimery. De cette seconde alliance vinrent :

1° Jean ALEAUME, seigneur de Courtavenel, marié à Marie CHAUMEDEY, sa cousine, et mort à Nevers en 1603, à l'âge de 53 ans, laissant, entre autres enfants :

    A. Jean ALEAUME, seigneur de Courtavenel, qui, d'Aymée REGNIER, sa femme, n'eut qu'une fille :

        AA. Catherine ALEAUME, dame de Courtavenel, femme de messire Marc-Antoine de BRENNE, écuyer, seigneur de Marchais, maréchal des logis de la compagnie des chevaux-légers de Monsieur, frère unique du roi, était veuve à la date du 21 juin 1628, quand, tant en son nom que comme tutrice et curatrice par justice de ses enfants mineurs, et aussi comme héritière de feu Jean ALEAUME, écuyer, seigneur de Courtavenel, de Beaurepaire, etc., elle rendit hommage sous le scel aux contrats, de la prévôté, bailliage et juridiction de Melun, pour les chateau, fiefs seigneurie et terre de Courtavenel « circonstances et dépendances. » *(Titre original en parchemin.)* Elle mourut le 24 avril 1670, âgée de 69 ans et fut enterrée dans l'église du prieuré de Notre-Dame-de-Bon-Secours de Paris, comme le porte l'inscription suivante, qu'on lisait encore en 1742, et ainsi conçue : — « Cy gist Catherine ALEAUME, veuve de feu messire DE BRENNE, seigneur de Marchais, décédée en ce prieuré de Notre-Dame de Bon-Secours, après sept ans de retraite, pendant laquelle elle a donné des marques de son amitié par plusieurs gratifications, le 24 avril de l'année 1670, âgée de 69 ans. — Priez Dieu pour son âme. » *(Pièce en papier.)*

2° Annibal ALEAUME, chevalier, seigneur du Luat, se maria à Rachel BERTRAND, fille de Pierre Bertrand seigneur de La Chaise, en la paroisse de Sercotte d'Orléans, trésorier de France, et de Marie Minier, dont :

    A. Jean ALEAUME, écuyer, seigneur du Luat, mort le 28 février 1648, à l'âge de 39 ans, fut marié : 1° à Marguerite LE ROY, dont deux fils décédés au berceau; 2° à Perrette PARISOT, fille d'Annibal Parisot, seigneur de Chafaud, et d'Anne Avrillot, dont :

        AA. Catherine ALEAUME, mariée à Nicolas DRION, sieur de Bordes, près Saint-Mesmin, gentilhomme servant de Sa Majesté;

        BB. Philippe ALEAUME, femme de Juvenal DU ROUX, seigneur de Rigny-le-Féron.

3° Louis ALEAUME, chevalier, seigneur de Vaudoy et de Tilloy-en-Brie, épousa Marie MORIN, fille de Pièrre Morin, seigneur de Paroy et de Marie Lhuillier. Il mourut en 1643, à l'âge de 75 ans, laissant :

    A. Louis ALEAUME, docteur en Sorbonne, prieur de Saint-Vital.

4° Pierre, qui suit ;

5° Élisabeth ALEAUME, femme de Louis LE CYRIER, écuyer, seigneur de Montigny et de Russy en Valois ;

6° Anne ALEAUME, dite *sœur Louise*, reçue professe au monastère des Filles de la Passion, à Paris, le 5 mai 1616 *(Titre original en papier)*.

VI. Pierre ALEAUME, écuyer, seigneur de Vaudoy, etc., gentilhomme servant de Sa Majesté, prit alliance avec Suzanne YVER, fille d'Antoine Yver, seigneur d'Armentières et de Jeanne Le Blanc. Il mourut en 1642, âgé de 37 ans, laissant de cette union :

1° Louis ALEAUME, né en 1627, tué à l'armée sans alliance;

2° Marie ALEAUME, femme de N. GRANGIER, écuyer, seigneur de Bellesme;

3° Antoinette-Bernarde ALEAUME DE VAUDOY, mariée à Jean NOEL, sieur de Saint-Denis, seigneur de la Mothe-Vitry, du Tilloy, de Vaudoy, etc., commissaire-général des Suisses et Grisons et du régiment des gardes suisses du roi. (Voyez le *Mercure de France du mois d'octobre 1737*.)

De cette alliance naquit :

    A. Maximilien NOEL, sieur de Saint-Denis, seigneur du Tilloy et de Vaudoy, conseiller en la cour et commissaire aux requêtes du parlement de Paris, mort le 28 août 1737, à l'âge de 84 ans.

Cette branche est éteinte.

PREMIÈRE BRANCHE

DES SEIGNEURS DE VERNEUIL ET DE VERNOUILLET, ETC.

ÉTEINTE

II. Étiennne ALEAUME, seigneur de Verneuil-sur-Seine, près Meudon, de Vernouillet, près Poissy, de Bazincourt-sur-Seine, de Vichelles, etc., rendit foi et hommage au roi en sa Chambre des Comptes le 15 janvier 1527, pour les terre et seigneurie de Verneuil et fief de Bazincourt, mouvance du château de Meulan ; cet acte fut enregistré en la Cour des comptes le 18 janvier suivant. Le 16 octobre 1533, intervint une sentence contradictoire entre Jean de Guyon, le garde des bêtes à laine des habitants de Verneuil et le procureur du roi de Poissy, d'une part, et noble homme Étienne ALEAUME seigneur de Verneuil et de Vernouillet, d'autre part ; on y lit que ledit seigneur de Vernouillet demandait d'être renvoyé par devant le bailli prévôtal de la haute justice moyenne et basse qu'il disait être à Vernouillet. Les autres parties déniaient la qualité dudit seigneur de Vernouillet et prétendaient qu'il n'y avait aucun droit de justice ni de fief *(Titre original en parchemin).*

Étienne ALEAUME, obtint le 26 avril 1536, des lettres d'exemption du ban et arrière ban; les dites lettres signées : Perdrier et scellées de cire rouge. Il était mort en 1555. Il fut père de :

> 1° Louis, qui suit;
> 2° Nicolas ALEAUME, écuyer, seigneur de Prunelay, vivant en 1582, comme il conste d'un acte relatif au transport d'une rente constituée en date du 15 janvier de ladite année. *(Titre original en parchemin.)*

III. Louis ALEAUME, écuyer seigneur de Verneuil et de Vernouillet, conseiller du roi, lieutenant général et président aux bailliage et siège présidial d'Orléans, rendit foi et hommage, en qualité de fils aîné et principal de noble homme Étienne ALEAUME, seigneur de Verneuil et de Vernouillet, dudit fief de Vernouillet, à frère Renaut de Dampont, « religieux enfermier de Saint-Denis, en date du dimanche, tiers jour de novembre 1555; » il renouvela cet aveu le 6 avril 1565. Louis ALEAUME, qui était encore revêtu des fonctions ci-dessus en 1587, comme l'atteste une sentence par lui rendue à Orléans, le 25 juin de ladite année *(Titre original en parchemin)*, avait épousé vers 1570 Marguerite BRUSLART, fille de Noel BRUSLART, seigneur de Crosne, conseiller du roi en son conseil d'État et privé, et son procureur général au parlement de Paris, et d'Isabeau BOURDIN.

De ce mariage sont nés les enfants ci-après :

> 1° Gilles ALEAUME, sieur de Verneuil et de Vernouillet, conseiller du roi, président et lieutenant général au bailliage d'Orléans, qui obtint main-levée des fiefs tenus et mouvant du roi, à cause du comté de Meulan, en faisant foi et hommage, en date du 12 août 1597. Il avait épousé, le 12 octobre 1594, Antoinette CAMUS, fille de Geoffroi CAMUS, sieur de Pontcarré et de Torcy en Brie, et de Jeanne Sanguin.
> 2° Marie ALEAUME qui s'unit à René DOLU, sieur d'Ivry, conseiller au Parlement de Paris par contrat du 5 juillet 1579;
> 3° Marguerite ALEAUME qui fut mariée, par contrat du 5 février 1584, avec messire Jean-Jacques ROMÉ, sieur de la Fontaine, conseiller du roi en ses conseils d'État et privé, président en sa Chambre des Comptes, à Rouen.

A partir de cette époque, on ne retrouve plus trace des ALEAUME DE VERNEUIL.

DEUXIÈME BRANCHE

DES SEIGNEURS DE SAINVILLE, DE LA GRANGE-AU-BOIS, DE VILLIERS, A ORLÉANS.

ÉTEINTE

II. Jacques ALEAUME, Ier du nom (fils puîné de Jean ALEAUME et de Charlotte d'ARENNES), vint s'établir à Orléans et y épousa, vers l'année 1490, Isabel HÜE. Il fut père de :

III. Ferry ALEAUME, Ier du nom, sieur de Sainville et de la Grange-aux-Bois, prit alliance avec Perrine CHARTIER, fille de messire Michel CHARTIER, seigneur d'Alainville, mort en 1488, inhumé aux Grands-Carmes d'Orléans et de demoiselle Catherine Pâté, morte en 1504, et de la même famille que messire Jean Pâté, évêque d'Arras, puis de Chartres. Ferry ALEAUME était mort dès l'année 1530 ; sa femme lui survécut jusqu'en 1551. Ils avaient eu les enfants ci-après :

    1° Jacques, qui suit ;
    2° Ferry ALEAUME, grenetier du Roi à Étampes, marié : 1° avec Jacquette ROUILLART ou ROILLART ; 2° avec Catherine CHANDOUX.
    Du premier lit vinrent :
        A. Jean ALEAUME, trésorier-payeur de la compagnie de M. de Nevers, qui s'allia à Michelle DANÈS et mourut sans enfants ;
        B. Marguerite ALEAUME, femme de Jean BAUDET, sieur de Chassin.
    Du deuxième lit naquirent :
        C. Pierre ALEAUME, qui épousa Anne DANÈS, dont :
            AA. Jean ALEAUME, bourgeois d'Étampes, qui prit pour femme Cheluse d'ANGLEBERMER, fille de Pyrrhus d'ANGLEBERMER, docteur-régent de l'Université d'Orléans, et n'eut que deux filles, dont l'une :
                AAA. Catherine ALEAUME fut mariée à Nicolas PREVOST, lieutenant à Étampes ; et l'autre, Marie ALEAUME, qui épousa Claude GERVAISE, commissaire des guerres.
        D. Jacques ALEAUME, bourgeois d'Orléans ;
        E. Marie ALEAUME, épousa Julien FOURRÉ, avocat au bailliage de Nemours. Elle obtint le 7 mars 1595 une sentence des Requêtes du Palais, portant maintenue en sa faveur d'exemption de tous droits de péages, barrages, portes, passages, entrées de vin et de toutes autres charges et subventions « généralement quelconques » en vertu du privilège

accordé à l'un de ses ancêtres maternels, *Eude Le Maire*, « serviteur et familier du roy Philippe », envoyé par ce prince en pèlerinage à *la Terre Sainte*, bien qu'il fut alors marié et père de cinq enfants. Dans cette sentence, Marie ALEAUME est dite veuve dudit Julien FOURRÉ et fille naturelle et légitime de feu Ferry ALEAUME, bourgeois d'Étampes, et de Catherine CHANDOUX, et petite fille d'autre Ferry ALEAUME et de Perrine CHARTIER (*Titre original en parchemin*).

    F. Anne ALEAUME, mariée à Claude DANÈS.

3° Michel ALEAUME, père de :

    A. Catherine ALEAUME, femme de Jean LE ROUX, grenetier du Roi à Étampes.

4° Catherine ALEAUME, mariée à Jourdain VALITON et morte sans enfants.

5° Marie ALEAUME, s'unit à Jean BOULET, écuyer du Roi.

IV. Jacques ALEAUME, II° du nom, sieur de Sainville, bourgeois d'Orléans, prit alliance avec Marie ROILLART de laquelle naquirent :

1° Ferry, qui suit ;

2° Jacques ALEAUME, auteur de la TROISIÈME BRANCHE des ALEAUME-COMPAING, dont la filiation sera rapportée ci-après ;

3° Michelle ALEAUME, mariée à Sébastien LE BRETON, bourgeois d'Orléans ;

4° Marie ALEAUME, femme de Louis MARTIN ;

5° Françoise ALEAUME, épouse de Jacques VAILLANT.

V. Ferry ALEAUME, II° du nom, épousa Jeanne, aliàs Yolande LAMBERT, de laquelle vint :

VI. Jean ALEAUME, I° du nom, sieur de Villiers, près Dourdan, en Beauce, mari d'Anne GERVAISE, fut père de :

VII. Jean ALEAUME, II° du nom, sieur de Villiers, qui, de son union avec Marie VILLETTE, laissa un fils qui suit.

VIII. Nicolas ALEAUME, I° du nom, sieur de Villiers, épousa Françoise STAMPLE, issue d'une famille de l'Orléanais et que l'on croit originaire de l'Écosse. Il fut père de :

IX. Nicolas ALEAUME, II° du nom, sieur de Villiers, qui prit alliance avec Magdeleine LE MAISTRE ; il vendit en 1679 les terre et seigneurie de Villiers à Alexandre Jullien (Courcelles, *Histoire des Pairs de France, tome III, page 14*). Ils eurent un fils, qui suit.

X. Nicolas ALEAUME, III° du nom, docteur antécesseur en la Faculté de droit à Paris ; il fit enregistrer ses armoiries : *d'azur, à trois coqs d'or, 2 et 1*, à l'Armorial général officiel créé par édit royal du 20 novembre 1696, au volume I de Paris, page 528 (*Original conservé aux manuscrits de la Bibliothèque Nationale*). Nicolas ALEAUME épousa Jeanne-Ostelie BERNARD. Ils eurent deux enfants.

  1° François, qui suit;
  2° Jeanne-Madeleine ALEAUME.

XI. François ALEAUME fut marié à demoiselle Marie PICARD, dont il eut deux enfants :

  1° Claude, qui suit;
  2° Marie-Anne ALEAUME, mariée en premières noces à M. PLET, bourgeois de Paris; et en secondes noces à M. LE VIEIL, juré en charge de la communauté des Verriers. Elle mourut en 1746 (*Lettre de bout de l'an*).

XII. Claude ALEAUME, sieur de Villiers, bourgeois de Paris, donna quittance de la somme de 440 livres de rente constituée sur les Tailles à Jean Pâris de Montmartel, garde du Trésor royal en 1724. Il a eu pour fils :

XIII. Jacques-Louis ALEAUME, bourgeois de Paris, qui épousa Jeanne-Magdeleine RACLE, dont il eut :

  1° Jacques-Louis, qui suit;
  2° Claude ALEAUME, conseiller du roi, notaire au Châtelet en 1757 (*Acte original en parchemin*).

XIV. Jacques-Louis ALEAUME, docteur-régent de la Faculté de médecine en l'Université de Paris, épousa au mois d'août 1760, demoiselle Louise LIVERLOZ, fille d'Antoine LIVERLOZ et d'Angélique GAUTHIER (*Promesse de mariage*).

On ignore leur destinée.

TROISIÈME BRANCHE

DES ALEAUME-COMPAING, A ORLÉANS.

ÉTEINTE

V. Jacques ALEAUME, III° du nom, bourgeois d'Orléans, et receveur des deniers communs de cette ville, est connu pour avoir, au prix de sa fortune, réédifié le couvent des Jacobins de cette ville.

Le 15 août 1568, Jacques ALEAUME, signe l'acte d'union contre les protestants.

En 1570, il obtient du roi Charles IX l'autorisation de faire bâtir à ses dépens, au côté est d'Orléans, sur le bord de la Loire, une grosse tour carrée flanquée de canonnières, laquelle prit le nom de *fort Aleaume*.

En 1575, il fait rebâtir l'église et le réfectoire, et une partie des dortoirs du couvent des Jacobins de cette ville, qui avait été détruit par les protestants. A cette occasion, le pape Grégoire XIII lui adresse un bref de félicitations.

Enfin le 10 mars 1589, étant échevin de la ville d'Orléans, il signe l'acte d'excommunication du roi Henri IV.

Il eut pour femme Magdeleine COMPAING, fille de Jean Compaing, riche bourgeois d'Orléans, et de Guillemette de La Saussaye, fille de Philippe de La Saussaye et de Jeanne Vernier, et petite-fille de Pierre Compaing, écuyer, et de Marie Lhuillier.

De cette union vinrent :

1° Jean, qui suit;

2° Jacques ALEAUME, sieur des Mulotières, auteur de la QUATRIÈME BRANCHE, rapportée plus loin;

3° Noël ALEAUME, auteur de la CINQUIÈME BRANCHE, qui sera rapportée après celle de son frère;

4° Pierre ALEAUME, sieur des Mulotières, épousa Jacqueline CHAUVREUX, dont :

    A. Jacques ALEAUME, docteur en Sorbonne et curé de Saint-Paul d'Orléans.

5° Marguerite ALEAUME, femme d'Olivier DE LA SAUSSAYE, neveu de Jean de Morvilliers, évêque d'Orléans en 1552, et mort en 1577, et frère de Mathurin de Morvilliers, aussi évêque du même diocèse. Etant veuve, Marguerite ALEAUME, se remaria, par contrat du 17 septembre 1750, à Antoine MARTIN, demeurant à Paris, fils d'honorable homme Vincent Martin et de dame Anne Robineau;

6° Catherine ALEAUME, mariée à François ALEAUME;

7° Jeanne ALEAUME, épousa Guillaume AMANJON, bourgeois d'Orléans;

8° Françoise ALEAUME, femme de Jacques DESFRICHES.

VI. Jean ALEAUME, sieur de Sainville, épousa Avoye MARIETTE, et fut père de :

1° François ALEAUME, sieur de Sainville, marié à Claude POLUCHE, dont une fille unique :

    A. Claude ALEAUME, dame de Sainville, épousa : 1° Jean GALLUS, sieur de Rioubert; 2° Jacques GOUGNON, seigneur de Bois-de-Vesvres, avocat du roi, à Bourges.

2° Jacques ALEAUME, ingénieur ordinaire de l'artillerie, sous le règne de

Louis XIII, envoyé extraordinaire du roi près du prince Maurice; il donna quittance des gages de sa charge au trésorier général de l'artillerie, le 21 juin 1613 (*Titre original en parchemin*).

3° Jean, qui suit;
4° Françoise ALEAUME, femme de Jean BASLY, conseiller au conseil de Gaston, fils de France;
5° Magdeleine ALEAUME, femme de Fiacre SAINTONGE.

VII. Jean ALEAUME, bourgeois d'Orléans et échevin de cette ville, épousa Christine GORANT; il mourut en 1648, laissant les enfants ci-après :

1° Jean, qui suit;
2° Charles ALEAUME, marié à Clède SEVIN, dont :
    A. Jean ALEAUME, vivant en 1677, époux de Marie GIRAULT.
    De ce mariage sont nés :
        AA. Marie ALEAUME, femme de Joseph LE PRINCE;
        BB. Marie-Thérèse ALEAUME, femme de Paul DU LIGT;
        CC. Marie-Françoise ALEAUME, mariée à Guillaume DE CASTANET.
3° Jeanne ALEAUME, femme de Claude SEVIN;
4° Françoise ALEAUME, veuve, à la date du 30 mars 1677, de Claude GOYER;
5° Anne ALEAUME, veuve, à la même époque, de Hervé ROUSSILLARD;
6° Élisabeth ALEAUME, également veuve, auxdits jour et an, de M° Nicolas LE COCQ;
7° Marie ALEAUME, veuve aussi de M°. Altin LE COCQ.

VIII. Jean ALEAUME, bourgeois d'Orléans, eut pour femme Madeleine POLUCHE; il était décédé avant l'année 1677, comme il conste de divers actes, entre autres une sentence du présidial d'Orléans, un factum et un arrêt du parlement de Paris, que nous devons mentionner ici, eu égard à leur importance historique :

« La sentence du Présidial d'Orléans fut rendue le 16 janvier 1678 en faveur de Françoise ALEAUME, veuve de Claude GOYER; Anne ALEAUME, veuve de Hervé ROUSSILLARD; Elizabeth ALEAUME, veuve de Nicolas LE COCQ; Marie ALEAUME, veuve d'Altin LE COCQ; Jacques ALEAUME, Jean et Charles ALEAUME, intimés, et encore de Jacques-Noël ALEAUME, sieur de la Hermandière, tant pour lui que pour ses frères et sœurs, et Jacques ALEAUME, bourgeois de la ville de Rouen, aussy tant pour luy que ses frères et sœurs intervenant contre les religieux, prieur et couvent des Frères Prescheurs d'Orléans, appelans de la sentence de la Prévôté d'Orléans, du 30 mars dernier, par laquelle appert que lesdits religieux d'Orléans ont été condamnés à exécuter la fondation et intention de défunts Jacques ALEAUME et de Magdeleine COMPAING (qui sont sextayeuls paternels de l'exposant), suivant l'acte passé le 12 avril 1573, devant Blanchard, notaire à Orléans, par lequel on voit que lesdits sieur ALEAUME et sa femme ont fondé dans ladite église des religieux une messe haute du Saint-Esprit, à chanter à perpétuité, tous les jours, avec le *Veni Creator*, avant, et le *De profundis* et aspersion à leur tombe, après ladite messe. »

Le Factum fut fait le 29 avril 1679 pour « Jacques, Noël, Jean, Charles, Jacques, Toussaint et François ALEAUME, d'Orléans, de Paris et de Rouen, et consorts, descendant en droite ligne de Jacques ALEAUME et Magdelaine COMPAING, sa femme, leurs ancestres, intimez;

« Contre les religieux, prieur et couvent des Jacobins d'Orléans, appellans.

» Les appellans ont esté condamnez par deux sentences conformes du Prévost et du Bailly d'Orléans, à chanter *tous les jours, à perpétuité*, une messe haute du Saint-Esprit, à diacre et sous-diacre, suivant le contract passé entre leurs prédécesseurs et les ancestres des intimez, le douzième avril 1573. »

De l'alliance de Jean ALEAUME avec Magdeleine POLUCHE, naquit le fils qui suit.

IX. Jacques ALEAUME, marié à Anne LE REDDE, dont il eut :

    1° Joseph-François, qui suit;
    2° Claude ALEAUME;
    3° Avoye-Marie ALEAUME, femme de Jean MAINDEXTRE;
    4° Anne-Nicole ALEAUME, mariée à Gabriel PAPILLON, bourgeois de Paris, vivante en 1715.

X. Joseph-François-de-Paule ALEAUME, prit alliance avec Marie BOUCHER, et de cette union vinrent :

    1° Claude ALEAUME;
    2° Marie ALEAUME.
    On ignore leur destinée.

QUATRIÈME BRANCHE

DES SEIGNEURS DES MULOTIÈRES, DE GRANDMAISON, ETC.

ÉTEINTE

VI. Jacques ALEAUME (deuxième fils de Jacques ALEAUME et de Madeleine COMPAING), épousa N., dont il eut :

VII. Noël ALEAUME, bourgeois d'Orléans, qui fut marié à Madeleine MALORTIN, et fut père de :

1° Jacques ALEAUME, docteur en théologie de la maison de Sorbonne, chanoine de Sainte-Croix, puis curé de Saint-Paul d'Orléans, prononça en cette qualité, le 23 juin 1624, l'oraison funèbre de Nicolas de Heere, décédé doyen de l'église de Saint-Aignan, au diocèse d'Orléans (Voyez *Gallia Christiana*, t. VIII.);

2° Noël, qui suit;

3° N. ALEAUME, femme de N. HERVET, sieur de la Cottière, capitaine de carabins.

VIII. Noël ALEAUME, sieur des Mulotières, prit alliance avec N. VINOT. De ce mariage vinrent :

1° Jacques, qui suit;

2° François ALEAUME, sous-diacre et chanoine de l'église collégiale de Saint-Pierre de Puellier, présent au mariage de Marie-Catherine ALEAUME, sa sœur, en 1690;

3° Claude ALEAUME, sieur des Mulotières, eut pour femme Anne de GOILLONS. Il était mort à la date du 28 novembre 1690. Il fut père de :

A. Charlotte ALEAUME, baptisée en l'église paroissiale de Saint-Paul d'Orléans, le 23 mars 1669 (*Registres de l'état civil de la paroisse Saint-Paul*).

4° Marie-Catherine ALEAUME, mariée, le 28 novembre 1690, avec Guillaume SALOMON, bourgeois d'Orléans, fils d'honorable homme Michel Salomon, sieur de la Saugère, et de feue demoiselle Claude de Loynes (*Registres de la paroisse Saint-Paul*).

IX. Jacques ALEAUME, sieur de Grandmaison, fut marié à demoiselle Elisabeth LE VASSORT. Il a laissé pour fils :

Jacques ALEAUME, né le 20 juin 1698, qui eut pour parrain messire François ALEAUME, sieur de Malloze, chanoine de Saint-Pierre-le-Puellier d'Orléans (*Registres de la paroisse Saint-Paul*). Il mourut le 24 juin 1708.

ALEAUME

CINQUIÈME BRANCHE

DES SEIGNEURS DE LA HERMANDIÈRE, DE LA SALLE, DES RÉAUX, DES GUIMONETS, DE BOUGES, ETC.

EXISTANTE

VI. Noël ALEAUME (troisième fils de Jacques et de Madeleine Compaing), épousa Marguerite TRANCHOT, dont il eut :

1° Jacques, qui suit ;
2° Anne ALEAUME, femme de Charles HUMERY, sieur de la Mairie ;
3° N. ALEAUME, mariée à N. LAMBRIN, bourgeois d'Orléans ;
4° Jean, qui continuera la filiation après celle de son frère aîné.

VII. Jacques ALEAUME, échevin, puis maire de la ville d'Orléans, en 1624, mourut dans l'exercice de cette charge le 25 janvier 1625. Il s'était marié à Claudine ROUSSEAU.

Elle le rendit père de huit enfants, ci après :

1° Jacques ALEAUME, seigneur de la Hermandière, élu maire d'Orléans, en 1687, « pour son mérite et prud'hommie, » dit le chanoine Hubert, s'allia avec Marie CAHOUET, de laquelle vinrent :

A. Jacques ALEAUME, bourgeois d'Orléans, sieur de la Hermandière, dont :

AA. Charles ALEAUME, sieur de la Salle, baptisé le 8 avril 1670 (*Registres de la paroisse Saint-Paul*) ;

BB. Jacques ALEAUME, docteur en Sorbonne, chanoine et grand chantre d'Orléans ;

CC. Robert ALEAUME, né le 8 septembre 1673, fut tenu au baptême en l'église Saint-Paul, par M⁰ Robert Mariette, conseiller magistrat au bailliage et siège présidial d'Orléans, et par dame Marie Roucelet, femme « d'honorable homme » Jacques ALEAUME (*Registres de la paroisse Saint-Paul*). Il devint avocat au parlement et prit alliance avec Marie-Jeanne COUSIN, dont :

AAA. Robert-François ALEAUME, baptisé à Saint-Sulpice de Paris, le 17 septembre 1748.

DD. Jean-Baptiste ALEAUME, né le 23 avril 1676, eut pour parrain et marraine Charles Boyotot et Magdeleine ALEAUME ;

EE. Marie-Anne ALEAUME, mariée en 1695, à noble homme Pierre CAHOUET, sieur des Mudes, trésorier de France à Bourges.

B. Toussaint ALEAUME, baptisé en l'église paroissiale de Saint-Paul d'Orléans, le 22 avril 1649, eut pour parrain honorable Toussaint

ALEAUME

ALEAUME, et pour marraine dame Françoise Cahouet (*Extrait délivré et signé, le 26 janvier 1758, par Auger, vicaire de ladite paroisse*). Il partagea la succession paternelle avec son frère aîné, Jacques ALEAUME et Claude ALEAUME, sa sœur, par acte du 18 novembre 1680. Il se maria à Rouen, en 1681, avec demoiselle Marie DU VIEU, fille d'honorable homme Jean du Vieu et de Marie du Soullier. Leurs témoins furent honorables hommes Jean Rohard, David de Behic, M° Louis du Vieu, avocat en parlement, et Jacques Bazile. D'eux vint :

 AA. Marie-Anne ALEAUME, née et baptisée à Rouen, le 5 mai 1682.

 C. Claude ALEAUME, femme d'honorable homme Claude BOULLARD, d'Orléans.

2° Jacques-Noël ALEAUME, bourgeois d'Orléans, dont la femme fut Marie ROUCELET ;

3° Charles ALEAUME, bourgeois d'Orléans, mari d'Anne SEVIN, fut père de :

 A. Jacques ALEAUME, sieur des Réaux et des Guimonets, est qualifié bourgeois d'Orléans dans l'*Armorial général de France*, dressé en vertu de l'édit royal de 1696. N'ayant pas justifié à temps des armoiries de sa famille, le juge d'armes lui attribua des armes fausses ou d'office : *D'azur, à un heaume d'or, soutenu d'un vol d'argent* (voyez le volume coté *Orléans*, aux manuscrits de la Bibliothèque nationale).

Il fut marié par contrat passé devant Toussaint Le Feuvre, notaire à Orléans, le 7 avril 1670, à Marie VILLABON, fille de Louis Villabon, sieur des Réaux, bourgeois d'Orléans, et de Marie Jogues, dont :

  AA. Jacques ALEAUME, sieur des Réaux, nommé trésorier de France à Alençon, en 1709, marié par contrat passé devant Louis Durant et son confrère, notaires à Paris, le 12 août 1711, à Blanche-Marie-Anne LE NORMAND, fille de Nicolas Le Normand, sieur d'Etherville, et de Marie Colas des Francs. De cette union vint :

   AAA. Jean-Jacques ALEAUME, sieur des Réaux et de Bouges en Berry, fut baptisé en l'église paroissiale de Saint-Eloy, de Rouen, le 29 mai 1712. Il fut nommé trésorier de France en 1747, et reçut des lettres de vétérance en 1766. Il avait épousé : 1° Marie-Jeanne-Magdeleine-Thérèse TOURNIER DU BOUGET ; 2° le 18 décembre 1742, à Paris, en l'église paroissiale de Saint-Jacques-la-Boucherie, Jeanne-Françoise FORGET, fille de Germain Forget, bourgeois de Paris, et de Jeanne-Renée-Anne-Françoise de Buon. De ce dernier lit vint :

    AAAA. Jacques-François ALEAUME, né le 22 octobre 1748, officier au régiment de Royal-Pologne et gouverneur de Châtillon-sur-Loire. Il fut admis comme servant d'armes dans l'ordre de Malte, par bref du pape Pie VI, donné à Rome, le 11 février 1775 (*Mémoire manuscrit de M. Lacroix*.)

   BBB. Jacques-Germain ALEAUME, chanoine d'Evreux, conseiller au parlement de Rouen ;

   CCC. Rosalie ALEAUME, mariée avec Claude LE DOUX DE MELLEVILLE, baron dudit lieu ;

ALEAUME

BB. Charles Aleaume, chanoine d'Evreux;
CC. François Aleaume;
DD. Antoine Aleaume;
EE. Anne Aleaume;
FF. Catherine Aleaume.

B. François Aleaume;
C. Jacques Aleaume, prêtre, chanoine de Sainte-Croix d'Orléans, en 1697, qu'on trouve rappelé dans l'*Armorial général de 1696*, avec des armes d'office : *De sable, à une fasce d'argent, chargée d'une molette de gueules* (voyez le registre coté *Orléans*, section des manuscrits, Bibliothèque nationale).
D. Magdeleine Aleaume;
E. Claude Aleaume.

4° Toussaint Aleaume;
5° Catherine Aleaume, mariée à Pierre Sogues, sieur de la Bigotière;
6° Marie Aleaume, épouse de Jacques Chaussier, sieur de Boullon;
7° Magdeleine Aleaume, conjointe à N. Jopte, sieur de Villeneuve;
8° Claude Aleaume, unie à N. Blanchard.

VII bis. Jean Aleaume, (fils puîné de Noël Aleaume et de Marguerite Tranchot), et petit-fils de Jacques Aleaume et de Madeleine Compaing, épousa à Orléans, en la paroisse Saint-Marc, le 4 novembre 1664, Louise Thoreau, fille de feu Louis Thoreau et de Louise Coste; il était mort à la date du 6 mai 1697. De cette union vinrent :

1° Noël qui suit;
2° Jean Aleaume, présent au mariage de son frère Noël, en 1697;
3° N. Aleaume, femme de Louis Touzeau d'une famille noble du Poitou.

VIII. Noël Aleaume, né en 1674, fut marié, le 6 mai 1697, avec Anne Carnavillier, fille de feu Louis Carnavillier et d'Anne Galard, de la paroisse de Notre-Dame-du-Chemin. A la bénédiction nuptiale furent présents Louise Thoreau, mère de l'époux, Jean Aleaume, frère, Louis Touzeau, beau-frère de l'époux, Noël Masson, Anne Galard, mère de l'épouse; Louis Carnavillier, frère, et Antoine et Pierre Carnavillier, oncles de l'épouse. (*Registres de la paroisse de N.-D. du Chemin, à la maire d'Orléans.*) Noël Aleaume ne vivait plus à la date du 10 septembre 1737. Il fut père de :

1° Louis, qui suit;
2° Noël Aleaume;
3° Marie-Anne Aleaume;
4° Marie-Madeleine Aleaume. Ces trois derniers assistèrent au mariage de Louis, leur frère aîné, en 1737.

IX. Louis ALEAUME, né le 27 février 1808 *(Registres de la paroisse N.-D. du Chemin d'Orléans)*, épousa, en 1737, Marie LEMAIRE fille de Jean Lemaire et de feue Catherine d'ORLÉANS. La bénédiction nuptiale fut donnée aux époux dans l'église paroissiale de Notre-Dame-du-Chemin, le 10 septembre de ladite année, en présence et du consentement de ladite Marie-Anne Carnavillier, mère du marié, de Noël, Marie-Anne et Marie-Madeleine ALEAUME, frère et sœur dudit marié, de Martin Auger, son beau-frère et autres. Au registre signèrent : Louis ALEAUME, Marie Lemaire, Marie-Anne Carnavillier, Noël ALEAUME, etc. *(Registres de la paroisse précitée)*. De cette union vinrent :

  1° Jacques-Louis, qui suit ;
  2° Marie-Madeleine ALEAUME, femme de Louis MATHIEU ;
  3° Marie-Anne ALEAUME, mariée à Claude-Simon GIRARD.

X. Jacques-Louis ALEAUME, né le 14 janvier 1740, fut tenu au baptême, lesdits jour et an, par M. Jacques Havis, receveur-général des finances de la Généralité d'Orléans, et madame de La Gueulle, femme de M. Toutain, ancien secrétaire du roi *(Registres de la paroisse précitée)*. Il s'unit, le 4 août 1764, à Marie-Agathe BÉCHARD (1) ; fille de feu Étienne Béchard, et de Marie-Anne PATAS. La bénédiction nuptiale fut donnée aux époux en l'église paroissiale de Saint-Paul d'Orléans, en présence de Louis Mathieu et de Claude-Simon Girard, beaux-frères de l'époux ; de Marie-Madeleine et de Marie-Anne ALEAUME, ses sœurs, et autres *(Registres de la paroisse Saint-Paul)*.

De son alliance avec Marie-Agathe BÉCHARD Jacques-Louis ALEAUME a laissé les enfants ci-après :

  1° Louis-Jacques qui suit ;
  2° Louis-Jacques-Étienne-Pascal ALEAUME, décédé sans postérité,

XI. Louis-Jacques ALEAUME, né en 1763, prit alliance avec Étiennette-Victoire HUTINOT ; il est mort le 11 août 1838, dans sa propriété de Mongy, commune de Sandillon (canton de Jargeau, arrondissement d'Orléans, Loiret). Il n'a laissé de son mariage qu'un fils qui suit.

XII. René-Jacques ALEAUME, né en 1793, s'est marié le 12 décembre 1816

---

(1) C'est par l'alliance de Marie-Agathe BÉCHARD avec Jacques-Louis ALEAUME, que cette dernière famille a des rapports de proche parenté avec feu monseigneur Parisis, évêque de Langres et comte romain.

à Agathe-Cécile BARRAS. Il est décédé à Mongy le 9 décembre 1859, laissant les enfants ci-après :

1° Jacques-Pierre-Victor qui suit ;
2° Luce ALEAUME, née à Saint-Jean-le-Blanc près Orléans, le 22 octobre 1817. Elle s'est mariée, le 18 août 1835, à Denis BIENVENU, et est morte le 7 mars 1873 ; elle a eu pour enfants :
   A. Henri Bienvenu, né à Orléans, le 4 octobre 1839, Révérend père de l'ordre des mineurs capucins de Saint-François d'Assise ;
   B. Marie Bienvenu, née à Orléans le 25 avril 1842 ; elle a épousé, à Orléans, Julien PIPROT, le 6 février 1861. De cette union sont nés six enfants :
     AA. Fernand PIPROT, né le 13 janvier 1862 ;
     BB. Juliette PIPROT, née le 18 décembre 1864, mariée, le 9 mai 1883, à M. Léon REGNIER LE LEU, ingénieur civil des mines ;
     CC. Gabrielle PIPROT, née le 8 décembre 1869 ;
     DD. René PIPROT né le 13 novembre 1873 ;
     EE. Maurice PIPROT, né le 8 août 1876 ;
     FF. Suzanne PIPROT, née le 11 avril 1878.

XIII. Jacques-Pierre-Victor ALEAUME, né à Orléans, le 21 octobre 1818, est mort à Mongy le 30 avril 1865, sans postérité.

www.ingramcontent.com/pod-product-compliance
Lightning Source LLC
Chambersburg PA
CBHW061520040426
42450CB00008B/1712